Shiv Setu

Where the world ends... and Shiva begins

Sujata

BookLeaf Publishing
India | USA | UK

Made with ❤ on the BookLeaf Publishing Platform
www.bookleafpub.in
www.bookleafpub.com

Dedication

To You,
whose silence became my sanctuary,
whose absence carved the shape of presence.
These poems are not mine...
they are the echo of your footsteps
across the quiet ruins of my voice.

Preface

I did not write these poems to explain Shiva.
I wrote them because I was once lost
in a silence so deep that only He could hear it.

This book is not a scripture.
It is a remembering.

A remembering—
of the silence He offers,
of the destruction that heals,
of the love that wears ash and dances in fire.

Each poem is a bridge—
between the seeker and the Stillness,
between the question and the quiet.

This is my journey across 57 silences.
And on the other side of each one—
I found Him.

Acknowledgements

To Mahadev, the Eternal Listener—
for letting me fall apart,
just so I could write my way back to You.

For being the silence between my screams,
and the presence behind every pause.

To those who stood by me in silence
when I had no words—thank you.

To those who inspired the seeking—
knowingly or unknowingly—this is your echo too.

And to you, dear reader—
may every page lead you inward.

Har Har Mahadev

1. मौन - The Art of Silence

जिसे दुनिया ने कहा पाप, वो शिव की छाया में पवित्र हुआ,
जिसे सबने ठुकराया, वो उसकी चरणों में दिव्य हुआ।

वो नहीं देखता पाप या पुण्य का हिसाब,
बस भाव देखता है – अंतर्मन का ख्वाब।

जिसने कंठ में रखा विष, वो बंधन क्यों बांधेगा?
जो खुद अग्नि है, वो कर्मों से क्यों डरेगा?

शिव – वो है जो पतित को भी गले लगाता है,
हर अंधेरे को अपने भस्म में समाता है।

....

What the world called sin turned pure in his light,
The outcast found grace in Shiva's sight.

He sees no ledger of wrong or right,
Just the intent burning quietly bright.

He held poison in his throat—how can he judge?
Being fire itself, he does not budge.

Shiva—who hugs even the fallen in flame,
Merges every shadow into his name.

Har Har Mahadev

2. ध्यान – In the Stillness of the Sage

कैलाश की चोटी पर, जहाँ हवा भी मौन है,
वहाँ बैठा है जो, वो पूछे – "मुझे समझे कौन है?"

न शब्द, न संकल्प, बस श्वासों की चाल,
ध्यान में डूबा है वो, फिर भी करता है देखभाल।

हर कराह, हर पुकार, उसकी शांति में डूबी है,
वो सुनता है सब, फिर भी चुपचाप क्यूँ शांत है?

उसका मौन ही हर दुःख का उपचार है,
शिव का ध्यान ही जीवन का उपहार है।

....

On Kailash's peak, where even the winds lie still,
Sits the One who asks – "Who truly knows My will?"

No words, no vows, just the rhythm of breath,
He watches the world, from silence, from depth.

Every cry, every sigh—melts into his peace,
He hears it all, yet his calm won't cease.

For his silence alone heals sorrow and pain,
Shiva's stillness is life's highest gain.

Har Har Mahadev

3. समाधि – Where Time Folds

वो बैठा है, जैसे समय भी उसके चरणों में ठहर जाए,
न बीता हुआ कुछ, न आने वाला—बस अब में समाए।

न नींद है वो, न जागृति—जो मध्य से भी पार है,
जहाँ साँस नहीं, बस शांति का अपार विस्तार है।

न आसन, न मुद्रा—फिर भी ध्यान उसी का स्वर है,
वो समाधि है—जहाँ हर स्वरूप शिव के अंदर भर है।

जिसने खुद को मिटा दिया, वही अनंत को जान पाया,
वो शिव है—जिसने मौन से भी परम सत्य को गाया।

....

He sits where even time bows down in awe,
No past, no future—just the present without flaw.

Not sleep, not wakefulness—beyond all states he lies,
Where breath dissolves, and vast stillness flies.

No posture, no pose—yet meditation flows from him,
He is Samadhi—where the cosmos grows dim.

He who erased himself, met the infinite face,
He is Shiva—who sang the truth in silence and grace.

Har Har Mahadev

4. महासमाधि – The Stillness Beyond Time

न मृत्यु, न मोक्ष – वो शून्य की नींद है,
जहाँ सांस भी बस एक मौन की रीत है।

न ह्रदय धड़कता है, न विचार बहते हैं,
जहाँ आत्मा और ब्रह्म एक ही स्वरूप में रहते हैं।

महासमाधि – जहाँ इच्छा भी राख बन जाती है,
और चेतना किसी अनंत प्रकाश में समा जाती है।

वो शिव – जो ध्यान की अंतिम गहराई है,
जहाँ सब कुछ मिटकर ही पूर्णता पाई है।

....

Not death, nor freedom—it's sleep of the void,
Where even breath obeys silence unalloyed.

No pulse, no thought, just stillness deep,
Where soul and source in silence sleep.

Mahasamādhi—where desire turns to ash,
And awareness flows into timeless flash.

He is Shiva—the final depth of the mind,
Where all is lost, and all is truly aligned.

Har Har Mahadev

5. नाद – The Soundless Sound

शून्य में जो गूंजता है, वो नाद शिव का होता है,
जिसे कान नहीं, आत्मा से सुना जाता है।

न वीणा की टंकार, न शंख की कोई धुन,
फिर भी हर कण में वही रचता है सृष्टि का जुनून।

ओंकार नहीं शब्द मात्र, वो ब्रह्म की सांस है,
जिससे जीवन की हर नदी चलती, वही विश्वास है।

जिसने उस मौन को सुना, वो भीतर से जागा,
वो नाद है शिव – जो बोलता नहीं, पर हर राग में समाया।

....

What echoes in silence is Shiva's own sound,
Not heard by ears, but in soul it's found.

No lute, no conch, no melody calls,
Yet he composes creation through cosmic halls.

Om is not just a syllable – it's the breath, divine,
Flowing through life like an unseen line.

He who hears that silence, is stirred from sleep,
That sound is Shiva – voiceless, yet in every note, deep.

Har Har Mahadev

6. त्रिनेत्र – The Eye Within

वो मौन नहीं, मंत्र है कोई, ब्रह्म की पुकार है,
उसकी दृष्टि से जागे जो, वही असली संसार है।

शिव की जटाओं में बहता, गंगा का गीत है,
हर कण में बसा हुआ, वो अनंत प्रीत है।

उसकी तृष्णा में शांति है, उसकी अग्नि में प्रकाश,
वो योगी है, तपस्वी है, फिर भी सबसे पास।

त्रिनेत्र में अग्नि नहीं, चेतना की ज्वाला है,
जो खोल दे सत्य का द्वार, वो शिव का रूप निराला है।

....

He speaks no words, yet chants rise in his grace,
One glance from him awakens time and space.

In his locks, the Ganga flows like divine art,
Infinite love beats in each cosmic heart.

His thirst holds peace, his fire reveals light,
The Yogi so distant, yet within our sight.

His third eye burns not with wrath, but with knowing,
Unlocking truth—Shiva's form, ever-glowing.

Har Har Mahadev

7. भस्म – The Sacred Ash

भस्म से सजा तन, फिर भी सौंदर्य का रूप,
न मोती, न मणि, न कोई बाहरी रूप।

वो श्रृंगार नहीं चाहता, वो आत्मा का नर्तन है,
वो रूप नहीं, शून्य है – जिसमें सब कुछ पूर्ण है।

श्मशान से उठी राख जब उसके ललाट को छूती है,
तो जीवन भी मृत्यु की भाषा में मुस्काती है।

वो योगी है जो भस्म को पूजा बना दे,
और राख से ही प्रेम का दीप जला दे।

....

His body wears ash, yet beauty flows through,
No gems, no gold—just a light pure and true.

He seeks no decoration, only the soul's dance,
He is form-less, yet full—where all things find chance.

When ash from the pyre touches his brow,
Even death smiles, soft and somehow.

He's the yogi who turns ash into prayer,
And lights up love in the smoke-filled air.

Har Har Mahadev

8. शून्य रेखा – The Line Between Form and Formlessness

न सोना, न रत्न—उसने भस्म को शरीर का वस्त्र चुना,
जो मिट्टी से बना, उसी में खुद को भी बुनना।

भस्म नहीं राख है—अहंकार की अंतिम साँस,
जो चिता से निकले, वही शिव का परम प्रकाश।

वो कहता है—जो मिटेगा, वही सच्चा होगा,
जो जल जाएगा, वही मुक्त और अच्छा होगा।

न वस्त्रों की ज़रूरत, न किसी आभूषण की चमक,
भस्म ही उसकी शान है—शून्य की सबसे सुंदर झलक।

....

No gold, no gems—he wears ash like sacred skin,
What comes from dust, returns to dust within.

It's not just ash—it's the ego's final breath,
Born from the pyre, it glows beyond death.

He says—what dissolves, reveals the real,
What burns away brings the soul to heal.

No robes, no jewels to impress or stun,
His ashes shine like the beauty of none.

Har Har Mahadev

9. योग – The Union Beyond Self

वो योग नहीं, आत्मा का विस्तार था,
जहाँ हर इक श्वास में शिव का संसार था।

न कोई साधना, न कोई साधक का नाम,
बस समर्पण था, और शून्य की धारा थी तमाम।

न दिल की धड़कन, न मन की कोई चाह,
वो योग था, जहाँ न था कोई अलगाव, न राह।

वो एक था, और हम भी उसी में समा गए,
शिव के साथ जुड़कर, हम हर पल नव हो गए।

....

It was not yoga, but the soul’s vast embrace,
Where every breath carried Shiva's grace.

No practitioner, no path to declare,
Only surrender, in the void, so rare.

No throb of heart, no yearning fire,
It was Yoga – beyond all paths and all desire.

In that oneness, we dissolved and merged,
With Shiva's essence ...we were eternally immersed.

Har Har Mahadev

10. तप – The Fire Within

न जप, न यज्ञ, न रत्नों की चमक,
तप वो है – जहाँ भीतर जलती है थकन की धमक।

जहाँ हृदय बिना शिकायत राख बन जाए,
और मौन ही आरती बन, हर वेदना को गाए।

शिव को पाना है तो भीतर उतरना होगा,
हर लालसा को छोड़, बस अस्तित्व से गुजरना होगा।

वो योगी नहीं सिर्फ, तप का साक्षात रूप है,
जो हर जलन में मुस्कुराए – वही शिव की धूप है।

....

No chants, no fire, no glittering stone,
Tapas is where the weariness burns alone.

Where the heart turns ash without a plea,
And silence becomes the hymn of agony.

To find Shiva, one must journey deep inside,
Release all desires – let your true self be your guide.

He is no mere yogi, but penance walking bright,
Smiling through the burn – He is Shiva's blazing light.

Har Har Mahadev

11. विरक्ति – The Freedom from All

जिसने सबसे तोड़ा नाता, वही सबसे जुड़ा रहा,
वो विरक्त था, फिर भी हर दिल में धड़कता रहा।

न ताज का लोभ, न काया का मोह,
वो निर्वाण की राह, वो शून्यता की कोख।

वो जंगलों में नहीं, वो तो अपने भीतर बसा,
जिसने खुद को त्यागा, उसने शिव को पाया सच्चा।

वो रंक हो या राजा, सब उसका ही अंश हैं,
वो विरक्ति नहीं दूरी, वो तो परम प्रेम का स्पर्श है।

....

He severed all ties, yet stayed with every heart,
Detached from all, yet never apart.

No throne did tempt him, no body held sway,
He walked the path where desires fade away.

Not only in forests – but deep within resides,
He who gave up self, found Shiva as guide.

Beggar or king, all are part of his flame,
Detachment, not distance – it's love without name.

Har Har Mahadev

12. वैराग्य – The Renunciation Beyond Worlds

वो न इस जगत का था, न उस आसमान का राज़,
जन्म-मृत्यु की परिधि से परे, बस एक अदृश्य ताज।

न कोई आकांक्षा, न कोई तृष्णा, फिर भी सब कुछ उसी का था,
जैसे खाली घट में छिपा सागर, वही उसकी परिभाषा थी।

सभी बंधनों से मुक्त, फिर भी सृष्टि की धड़कन में बसा,
वो वैराग्य नहीं, स्वयं ब्रह्म था – जो सब कुछ छोड़कर भी कभी न हारा।

वो न अपने लिए जीता, न किसी से कुछ लिया,
वो शून्य में समाया, फिर भी सृष्टि में जिया।

....

He was neither of this world, nor ruler of the sky,
Beyond birth and death, he wore an unseen crown on

high.

No longing, no thirst—yet all was his domain,
Like an ocean hidden deep inside an empty vessel's frame.

Free from every bond, yet in creation's heartbeat found,
He was renunciation itself—by none and none bound.

He lived not for himself, nor took from any's hand,
He dwelled within the void, yet thrived throughout the land.

Har Har Mahadev

13. रुद्र – The Untamed Flame

जब रोया वो, नभ से बरसी थी ज्वालाओं की धार,
हर आँसू में दहकता था, एक ब्रह्मांडीय पुकार।

उसकी भौंहों की लहर में, तांडव की थरथराहट,
और होंठों की खामोशी में, सृष्टि की पहली आहट।

न वो क्रोध था, न करुणा... बस एक शाश्वत चलन,
जहाँ सृजन और विनाश साथ करते हैं मिलन।

न रूप में बंधा, न रेखाओं का नाम है,
वो शिव है.. अग्निरूप, और शून्य का भी ध्यान है।

....

When he wept, the sky poured rivers of flame,
Each tear ignited a cosmic name.

In the rise of his brow, thunderous storms would swell,
While his silence echoed creation's primal yell.

It was not rage, nor tender grace—
But the eternal rhythm where ends embrace.

No form he wears, no lines define,
He is Shiva—pure flame, and stillness divine.

Har Har Mahadev

14. क्रोध – The Sacred Fire Within

न वो अग्नि है जो बुझ सके, न वो धधकता क्रोध है,
वो तप का तेज है शिव का, जहाँ अहंकार भी मोक्ष है।

उसकी आँखों में चिंगारी नहीं, चेतना की आग है,
जो देख ले उसे, वो भीतर से जाग है।

न ये विनाश है, न कोई युद्ध का तांडव है,
ये तो आत्मा की पुकार है – सत्य का ही मार्ग है।

जब पृथ्वी हिलती है, वो रुद्र बनकर गरजता है,
पर हर गरज में भी, करुणा का दीप सदा जलता है।

....

Not a flame that dies, nor a blaze of rage,
He is Shiva's fire of tapas—a pride-releasing sage.

His eyes don't spark, they blaze with conscious fire,
One glance awakens the soul, lifting it higher.

It's not destruction, nor a warrior's dance,
But the soul's deep call—a truth-born trance.

When earth quakes, he thunders as Rudra's breath,
Yet even his roar holds mercy beneath.

Har Har Mahadev

15. काल – The Keeper of Time

वो समय का भी स्वामी है, और समय का अंत भी,
जो जन्मों की गठरी खोले, और खुद ही संत भी।

काल की परछाई में जो खेलता है,
वो मृत्यु को भी जीवन से तोलता है।

न घड़ी की टिक टिक में, वो अनंत धारा में,
न क्षण में बंधा है, न युग की माया में।

जब सब शून्य हो जाएगा, तब भी जो रह जाएगा,
वो महाकाल है – जो काल से परे।

....

He is the master of time, yet its end as well,
Unwinding lifetimes only a saint could tell.

He plays in shadows where even death refrains,
Balancing mortal life in eternal domains.

Not bound to moments, nor clock's quiet chime,
He flows through the infinite, untouched by time.

When all fades to silence, and nothing remains,
Mahakaal still stands—beyond all chains.

Har Har Mahadev

16. प्रलय – When Everything Ends

जब समय थक जाए, और दिशाएँ मौन हो जाएँ,
जब ब्रह्मांड अपने ही नाद में खो जाए।

वो क्षण जब सृष्टि खुद को भुला बैठे,
और प्रकाश भी अपने होने से कतराए।

तब एक नर्तन, एक हुंकार उठती है,
जो शून्य से जन्म लेकर सृजन को चित्ती है।

शिव ही वो अंत है – जो हर आरंभ का बीज है,
प्रलय का वो नर्तन – जहाँ मृत्यु भी जीवन का संगीत है।

....

When time grows tired and all directions cease,
And the cosmos sinks in its own silent peace.

When even light recoils from its claim,
And creation forgets its very name...

Then rises a dance, a thunderous cry,
Born from the void, where no forms lie.

Shiva is that end—the source of the seed,
The Tandav divine, where death and life meet.

Har Har Mahadev

17. नटराज – The Rhythm Beyond Sound

न ताल, न वाद्य, फिर भी उसकी थाप में ब्रह्म नाचे,
न स्वर, न गीत, फिर भी हर तंतु में राग बाँधे।

वो नटराज है, जिसके हर घूर्णन में सृष्टि जन्म लेती है,
और हर ठहराव में एक युग शांत रहता है।

उसका नृत्य कोई कला नहीं—वो समय की चाल है,
जिसमें हर विनाश भी सृजन की मिसाल है।

जो उसकी गति समझ ले, वो स्वयं को जान जाए,
शिव का नृत्य ही वो मन्त्र है—जो आत्मा को पहचान दिलाए।

....

No drum, no beat—yet all of being sways,
No tune, no note—yet music threads all days.

He is Nataraj—whose spin brings stars to birth,
Whose stillness calms the trembling earth.

His dance is no art—it's the pulse of time,
Where every end births a rhythm sublime.

He who aligns with that divine pace,
Finds Shiva's dance in his own soul's grace.

Har Har Mahadev

18. अघोर – Beyond Illusion

सर्पों का हार पहना जिसने, मोह माया को तज दिया,
श्मशान को जो धाम बना दे, वो ही है असली दिया।

वो रमता है राख में, पर रचता है संसार,
सारे देव जहाँ थम जाएँ, वहाँ चलता है महाकाल।

न मंदिर, न मुकुट उसे बाँध पाते हैं,
वो तांडव में भी तप है, ऐसा वो नाच दिखाते हैं।

मृत्यु भी जिसको वरदान लगे, वो ही है अविनाशी,
शिव है नाम उसका, अनादि, अनंत, सनातन प्रकाशी।

....

He wore serpents like jewels, forsaking all desire,
And turned the burning ground into a lamp of fire.

He roams in ash, yet makes the cosmos spin—
Where all gods still, Mahakaal begins.

No crown can claim him, no temple confine,
Even in ruin, his grace is divine.

He made death a blessing, serene and pure—
Shiva: the eternal, the boundless, the ever-sure.

Har Har Mahadev

19. दक्षिणामूर्ति – The Silence that Taught the Sages

चार ऋषियों ने पूछा – "ज्ञान क्या है?"
शिव ने उत्तर नहीं दिया – बस चुप रहे।

उस चुप्पी में वेद समाया,
उस मौन में आत्मा ने स्वयं को पाया।

दक्षिणामूर्ति – युवा देवता, पर अजर ज्ञान का द्वार,
न शब्द, न मंत्र – बस दृष्टि में था संसार।

जो मौन से पढ़े, वो ही जानता है शाश्वत को,
जो भीतर सुन पाए – वही शिव के रहस्य को पाता है।

....

The sages asked, "What is truth, O Seer?"
Shiva said nothing — yet made all clear.

In that silence, the Vedas found breath,
In that stillness, the soul escaped death.

Dakshinamurti – the youthful sage divine,
No words, no chants – just a gaze like a shrine.

He who learns where silence is sown,
Finds the path where Shiva is known.

Har Har Mahadev

20. शरण – The Shelter of Shadows

जब कोई न सुने, और सब द्वार बंद हो जाएँ,
शिव वहीं मिलते हैं – जहाँ आँसू खुद से टकराएँ।

न सभा, न मंत्र, न सोने के मुकुट चाहिए,
बस टूटा हुआ मन, मौन में रोने लायक चाहिए।

वो अंधेरे का देवता नहीं, अंधेरे में दीप है,
जो टूटी आत्मा को फिर से जीने की सीख है।

जिसने सब त्यागा, वही सबसे अपना हुआ,
शिव – जो शरण नहीं, स्वयं शरणदाता हुआ।

....

When none will hear, and all the doors are closed,
Shiva is found where tears collide, composed.

No court, no chant, no jeweled crown to bring,
Just a broken heart, deserving of whispering.

He’s not the god of darkness, but its guiding flame,
Teaching shattered souls to rise again.

He who gave up all became the one for all,
Shiva—no refuge sought, yet refuge’s call.

Har Har Mahadev

21. अश्रु – The Grace of Tears

शिव को रोते किसने देखा? हर तड़प में नीर संजोया है,
जिसने सृष्टि के दुःख पी लिए, उसके भीतर भी कोई खोया है।

न आँखें नम होती हैं, न स्वर कभी थरथराते हैं,
त्रिनेत्र की नमी से ही ब्रह्मांड के घाव सिमट जाते हैं।

गिरा था एक अश्रु, जब कैलाश की चोटी से,
तो बनके बहा गंगा, हर पीड़ा की गहराई से।

वो रुद्र है – जिसकी क्रोधाग्नि में भी करुणा है,
मेरा भोला रोता नहीं, हर अश्रु 'शिव शिव' कहता है।

....

Who has seen Shiva cry? Yet in every pain, his tears lie,
He who drank the world's sorrow hides a wound deep inside.

No tears fall from his eyes, no tremor shakes his voice,
From the moisture of his third eye, the cosmos finds its

choice.

One tear once slipped from Kailash's snowy crest,
Flowing as the Ganga, soothing every aching breast.

He is Rudra—whose fire flames with mercy's art,
My gentle Shiva never weeps, yet every tear speaks from the heart.

Har Har Mahadev

22. पंचाक्षर – The Sound That Breathes

नमः शिवाय – बस पाँच अक्षर नहीं,
ये ब्रह्म की नाद हैं, जो शून्य से उठी कहीं।

हर स्वर में सृष्टि की गति है, हर विराम में तिरोहित भाव,
ये मंत्र नहीं, आत्मा का संवाद है, अंतर का प्रभाव।

जैसे साँस भीतर जाए तो शिव की गूंज सुनाई दे,
जैसे हर धड़कन में वो मौन सा कोई राग बजे।

पंचाक्षर – जो शब्द नहीं, शिव का शाश्वत स्पर्श है,
जिनसे जीवन भी जन्म ले, और मृत्यु भी परमर्ष है।

....

Na-mah-Shi-va-ya—no mere sound or phrase,
But the hum of Brahm, born from silent blaze.

In each syllable, the universe spins and rests,
A dialogue of the soul, not just sacred texts.

Like breath that whispers his name within,
Like a melody hidden beneath heart's din.

Panchakshar—more than a chant or verse,
It's Shiva's touch that births life and reverses the curse.

Har Har Mahadev

23. अध्यात्म – The Silent Song of Shiva

वो मौन नहीं, अनहद नाद है—जो सुनने से नहीं, डूबने से मिलता है,
न शब्द, न स्वर – बस अंतर में जो खिलता है।

वो दीप नहीं जो जलाया जाए, वो अंधकार में खुद सुलगता है,
न कोई तेल, न बाती – बस आत्मा की लौ में पिघलता है।

तूम स्वामी – हम अज्ञानी, तेरे ध्यान में ही ज्ञान का प्रारंभ है,
हम भटकते रहे शब्दों में, पर तू तो मौन का अर्थ है।

न तांडव, न ध्यान—बस एक कम्पन जो सबमें बसा है,
वो शिव है – जो न बोला जाए, बस भीतर से महसूस होता है।

वो योग नहीं, न साधना, न किसी नियम का रूप है,
वो वो शून्य है – जिसे पा के स्वयं का भी वजूद धूप है।

न कोई आरती, न कोई मंत्र – फिर भी हर हृदय की पुकार है,
वो शिव है—जो हर अश्रु, हर श्वास में बस एक विचार है।

....

He is not silence, but the soundless sound—heard not by ears, but felt within the soul,
Not in words, nor tones—but where broken hearts become whole.

He is no flame to light—he burns within the dark alone,
No wick, no oil—just spirit melting into stone.

You are the Master—we, the lost—our wisdom starts within your gaze,
We wandered through words, but you were the silence beyond praise.

No dance, no chant—just a trembling stillness that breathes in all,
He is Shiva—unspoken, unseen, yet our deepest call.

Not yoga, nor ritual, nor strict rule or rite,
He is the void—where even the 'self' dissolves into light.

No hymn, no offering—yet the answer to every sigh,
He is Shiva—echoed tears, the breath beneath each why.

Har Har Mahadev

24. सर्प – The Crown of Fear

गले में लिपटे हैं सर्प, न भय, न आभूषण बने,
जिनसे सब डरते हैं, वो शिव के श्रृंगार बने।

वो विषधर नहीं, भयहर है—जो ज़हर को भी पूज्य करता है,
जो मृत्यु से नहीं डरता, वही जीवन को सच्चा करता है।

न मोतियों की माला, न स्वर्ण की चमक साथ है,
बस भस्म और नाग – शिव की सच्ची परछाई का प्रमाण है।

वो सिखाता है—जो स्वीकार ले, वही मुक्त होता है,
वो शिव है – जहाँ डर भी ध्यान में खोता है।

....

Snakes coil 'round his neck—not threat, but sacred grace,
What others fear, he wears as his embrace.

Not poison-bearer, but fear's true remover,
He who walks with death is life's true mover.

No pearls, no gold, no gleam to claim,
Just ash and serpents—Shiva's true flame.

He teaches this: to accept is to be free,
He is Shiva—where fear melts into peace's sea.

Har Har Mahadev

25. सती – The Flame that Became Faith

वो प्रेम की तपस्विनी थी, आत्मा से गहन संवाद था,
जिसकी अग्नि से जागी त्रिलोक की पराजय और राज़ था।

जब प्रेम ने त्याग ओढ़ा, सती बन गई ज्वाला,
जिससे तपता ब्रह्म, और कंपकंपाता शिवाला।

उसकी चिता राख नहीं, चिंगारी थी नयी शुरुआत की,
जिसने शिव को भटकाया, फिर शक्ति में समाई थी।

वो सती थी – न सिर्फ स्त्री, न सिर्फ प्रेमिका,
वो वह लपट थी – जिससे जन्मी नारी की अनंत गाथा।

....

She was the ascetic of love, with soul's deep voice imbued,
Her fire ignited the cosmos, in sacred solitude.

When love donned renunciation, Sati became the flame,

From her, Brahma trembled, and Shiva was never the same.

Her pyre was not ashes, but the spark of dawn's first light,
That guided Shiva from sorrow to power bright.

She was Sati—not just woman or bride,
She was the eternal flame where the feminine resides.

Har Har Mahadev

26. दक्षयज्ञ – The Broken Pride

वो यज्ञ नहीं था, अहंकार की अंधी पुकार थी,
जहाँ प्रेम का स्थान, केवल अपमान की धार थी।

सती के कदमों में जल उठी अग्नि की रेखा,
न देह बची, न शांति – बस शिव का मौन देखा।

शिव नाचे नहीं उस दिन, पर ब्रह्मांड थर्राया,
न शाप था, न शब्द – सिर्फ करुणा का संहार आया।

वो यज्ञ भस्म नहीं हुआ, वो काल बन गया कथा,
जहाँ टूटा एक संबंध, और जन्मी शिव-पार्वती की व्यथा।

....

It was no offering—it was pride dressed as rite,
Where love was exiled, and ego took flight.

In Sati's steps rose the flame untamed,
No body remained, only silence unnamed.

Shiva danced not—but the cosmos shook,
No curse, no cry—just compassion forsook.

That fire wasn't ash—it became time's thread,
Where one bond perished, another was bred.

Har Har Mahadev

27. शक्ति पीठ – The Divine Fragments

न वो चिता थी, न अंत था – वो एक नवप्रभात था,
जब सती की देह गिरी, हर भूमि तपोवन सा पावन वात था।

शिव ने उठाया शव, वो शोक नहीं – साधना थी,
हर अंश प्रेम का दीप, हर टुकड़ा अग्निव्रता की भावना थी।

जहाँ-जहाँ गिरी वो, वहाँ शक्ति का उदय हुआ,
कण-कण में चेतना फूटी, और धरती ने तेज नया छुआ।

ये पीठ नहीं बस स्थल हैं – ये पीड़ा की संचित स्मृति हैं,
जहाँ शिव मौन रहे, पर प्रत्येक धड़कन में ज्वालामयी गति थी।

....

It was no pyre, no end, but a sacred new rise,
As Sati's form descended, dawn touched the skies.

Shiva bore her body—not burden but grace,
Each piece a temple, each spark a divine trace.

Where her body fell, consciousness bloomed,
From her sacred fall, the cosmos was tuned.

These Shakti Peethas are not mere ground,
They echo a grief too deep for sound.

Har Har Mahadev

28. पार्वती – The Return of Grace

वो प्रेम का आकाश था, और पार्वती उसकी चिर ज्योति,
जब दोनों मिले, सृष्टि ने सीखी प्रेम की नई गति।

वो पुनर्निर्माण नहीं, आत्मा की पुनः खोज थी,
जहाँ पार्वती ने शिव में फिर जन्मी, ये ब्रह्म की सोच थी।

धरती पर बरसे आशीर्वाद जैसे शांत बूँदों की धार,
हर अश्रु में उभरी शिव की छवि, जैसे नित नया आकार।

वो पार्वती थी – जो हर पीड़ा को सहेज लेती है,
वो प्रतिकार नहीं करती, प्रेम में सब कुछ समेट लेती है।

....

He was the sky of love, and she the eternal star,
When they met again, the cosmos healed every scar.

It wasn't repair, but a soul's sacred quest,
As Parvati found Shiva, creation found rest.

Like dew of blessings fell from divine height,
In every tear, his form glowed bright.

She was Parvati—who embraced every sorrow,
Not in vengeance, but in love, she shaped tomorrow.

Har Har Mahadev

29. विवाह – Where Fire Witnessed Forever

न बाजे बजे, न स्वर्ण मंडप सजा,
फिर भी हिमालय की घाटियों में देवत्व खुद चला।

पार्वती ने साधना से प्रेम का दीप जलाया,
शिव ने अपने मौन में उसे अर्पण बनाया।

न हार, न श्रृंगार – न रजत, न सोना,
बस भस्म, बिल्वपत्र, और आशीर्वाद का कोना।

ना सात फेरों की गूंज, ना कोई मंत्रोच्चार,
फिर भी उस क्षण, ब्रह्मांड ने पाया नया विस्तार।

वो विवाह – सृष्टि का संधान था,
जहाँ शक्ति ने शिव को अपनाया – और ब्रह्म में नर्तन महान था।

....

No trumpets rang, no golden stage,
Yet gods descended on the Himalayan page.

Parvati lit love through silent grace,
And Shiva received her in still embrace.

No garlands, no silk, no regal art,
Just ash, bilva, and blessings from the heart.

No chants, no fire, no sacred round,
Yet the cosmos echoed in silence profound.

It wasn't a wedding—but a cosmic accord,
Where Shakti met Shiva, and the universe soared.

Har Har Mahadev

30. हिमालय – The Silent Witness

वो पर्वत नहीं, एक मौन प्रतीक था,
जिसके कंधों पर शिव की तृष्णा का संगीत था।

उसने न सुना, न कहा – बस सब सहा,
हर तप, हर पुकार, उसके हृदय में रहा।

जहाँ पार्वती ने की साधना की शुरुआत,
वहीं शिव ने रचा धैर्य का विराट।

वो चुप्पी में गूंजती थी अनादि शाश्वत ध्वनि,
जिसमें शिव और पार्वती की लीला थी बनी।

वो हिमालय नहीं, अनंत का वो चुप साक्षी था,
जिसने रचा था प्रेम का अनोखा इतिहास।

....

He was not a mountain, but a symbol of still grace,
On his shoulders sang Shiva's yearning in space.

He heard not, nor spoke—just bore it all,
Every penance, every call, echoed within his silent hall.

Where Parvati's devotion first took flight,
There, Shiva forged patience in infinite light.

In silence echoed the eternal timeless sound,
Where Shiva and Parvati's divine play was found.

It was not the Himalayas, but the silent witness of eternity,
Who crafted a love story, unique in infinity.

Har Har Mahadev

31. कैलाश – The Throne of Silence

कैलाश न कोई पर्वत था, न कोई शिखर की चाह,
वो मौन की गहराई था, जहाँ ठहरती है हर एक राह।

जहाँ पवन भी चुपचाप शिव का नाम जपती है,
और बर्फ की चादर में तप की अग्नि सुलगती है।

वो चढ़ाई नहीं, एक उतराव था भीतर की ओर,
जहाँ देह नहीं, आत्मा करती है संपूर्ण भोर।

कैलाश पर नहीं चढ़ा जाता – उसमें समाया जाता है,
जो खुद में विलीन हो गया, वही शिव को पाया जाता है।

....

Kailash was no mountain, no peak to be won,
It was the depth of silence, where every path comes to rest.

Where winds chant Shiva's name without a sound,

And fire of penance burns beneath the snowbound ground.

It's not an ascent but a descent within,
Where the self dissolves, and silence begins.

You don't climb Kailash – you become its grace,
Only those who vanish in self, find Shiva's face.

Har Har Mahadev

32. अंधक – The Shadow That Shiva Embraced

अंधक था अंधकार का पुत्र, पर शिव की दृष्टि में प्रकाश था,
वो पाप नहीं, बस एक भटका चेतन प्रकाश था।

जब उसने माँ पार्वती को छूने की भूल कर दी,
शिव का तीसरा नेत्र खुला – पर करुणा भी दृष्टि में थी।

न वध, न युद्ध – वो शुद्धि की अग्नि थी,
जिसमें अंधक भी शिव का अंश बन गया, यही उसकी परिणति थी।

शिव न दंड देते हैं, न क्रोध में बहते हैं,
वो समय के साथ सिखाते हैं – और मौन में कहते हैं।

....

Andhaka was born of darkness, yet light in Shiva's view,
Not sin, but a soul lost, seeking something true.

When he reached for Parvati in blinded pride,
Shiva's third eye opened – yet mercy did not hide.

No death, no war – just fire that purified,
Andhaka became divine, where his ego died.

Shiva does not punish, nor in anger sway,
He teaches through time – in silence, he'll say.

Har Har Mahadev

33. भस्मासुर – The Curse of Unwise Power

वो वर माँग बैठा, जिसे कोई संभाल न सका,
भस्मासुर – जिसने खुद का विनाश लिखा।

शिव ने दिया – जैसे हर भक्त को दिया जाता है,
भोलेनाथ हैं – वरदान में भी बस दया लुटाते हैं।

पर शक्ति बिना विवेक, अग्नि में जल जाती है,
और भक्ति जब गर्व में ढले – तो विष बन जाती है।

विष्णु बने मोहिनी – मोह का नृत्य रचा,
भस्मासुर ने नाचा – और खुद को ही भस्म कर बैठा।

शिव न टोकते हैं, न रोकते हैं किसी राह को,
वो केवल सिखाते हैं – परिणाम से, करुणा की चाह को।

....

He begged for a boon he could never hold,
Bhasmasura — whose pride burned cold.

Shiva gave, as he always does with grace,
Even to folly, he offered his embrace.

But power without wisdom turns to flame,
And devotion with pride forgets its name.

Vishnu became Mohini – illusion's sweet lure,
Bhasmasura danced – and met his own cure.

Shiva never blocks nor scolds your way,
He teaches through outcomes – in silence, he'll say.

Har Har Mahadev

34. त्रिपुरांतक – The Fire Born of Silence

त्रिपुरासुर के नगर में अहंकार ने दीप जलाया,
तीन लोकों की चुप्पी में, अधर्म ने युद्ध सजाया।

ना देव रुके, ना राक्षस थमे – बस भय की हवा चली,
तब शिव ने खोल दिया तीसरा नेत्र – ज्वालाओं की गली चली।

ना शस्त्र उठाया, ना कोप दिखाया – बस मौन से अग्नि जगी,
एक हुंकार में जल गए त्रिपुर – जैसे सत्य की पुकार से सृष्टि नींद से जागी।

वो विनाश नहीं, वो चेतना थी – जो अधर्म को भस्म करे,
वो त्रिपुरांतक शिव है – जो प्रेम से भी युद्ध करे।

....

In cities of Tripura, pride lit a blazing throne,
In silence of the three worlds, evil claimed its own.

No gods could stop it, no demons dared to flee,

Then Shiva opened his third eye – fire walked silently.

No weapon raised, no anger shown – just stillness
sparked a flame,
One breath dissolved the Tripuras – like truth's call
waking creation from its sleep.

It was not destruction, but awareness set free,
He is Tripurantaka – who even in war, loves eternally.

Har Har Mahadev

35. गंगा – The Descent of the Sacred River

अग्नि-सी तीव्र वह धार, जो नभ से धरा पर आई,
शिव ने जटा में थामा, ताकि न डोले धरती तिहाई।

न वह नदिया मात्र थी, न कोई साधारण धारा,
वो प्रेम की पावन रेखा थी, वरदानों का सहारा।

स्वर्ग से उतरी, पुण्य में पगी, चरणों से बहती गंगा,
शिव ने उसे थाम लिया, बना दिया जीवन का संगा।

जिसके स्पर्श से आत्मा तक उजियारी हो जाती थी,
हर पाप, हर संताप, उस जल से दूर भाग जाती थी।

न सिर्फ जलधारा थी – शिव की करुणा का आकार,
जो सहेज ले सब दुखों को, और कर दे जीवन पार।

शिव ने उसे सहेजा, ममता से उतारा धरती पर,
गंगा और शिव – एक राग, एक साँस, एक स्वर।

....

A fiery stream, fierce as flame, that fell from the celestial skies,
Shiva caught it in his matted locks – so Earth would neither quake nor cry.

She was no mere river, nor a stream of simple grace,
But a sacred line of love – a refuge in divine embrace.

Born of the heavens, steeped in virtue, she flowed at feet so pure,
Shiva held her close, making life itself secure.

A single touch of hers could light the darkest soul within,
Every sin, every sorrow, would flee her sacred skin.

Not just water – she was Shiva's mercy in flowing form,
The kind that bears all grief, and carries hearts through every storm.

With care he brought her down, with mother-like embrace,
Ganga and Shiva – one rhythm, one breath, one grace.

Har Har Mahadev

36. कार्तिकेय – The Warrior of Divine Will

वो बाल नहीं था, अग्नि का स्वरूप था,
शिव की चुप्पी से जन्मा, शक्ति का प्रारूप था।

छह मुखों में समाया, हर दिशा का ज्ञान था,
मातृ-स्नेह में पला, पर युद्ध उसका प्रणिधान था।

न भोग की लालसा, न मृत्यु का भय,
सत्य के लिए जो खड़ा रहा, वही था उसका अनुग्रह।

वो कार्तिकेय है – ध्यान में भी जो रण निभाए,
जो तपस्या को भी युद्ध की तरह सजाए।

....

He was no child, but a flame divine,
Born from Shiva's silence, in sacred design.

With six faces, he saw all realms unfold,
Raised in love, yet with valor bold.

No thirst for pleasure, no fear of decay,
He stood for truth – in night or day.

He is Kartikeya – in battle still and wise,
Who turns each war into a path to rise.

Har Har Mahadev

37. गणेश – The Son Born of Strength and Silence

वो न केवल शिशु था, न केवल पुत्र की छाया,
वो मौन की गर्भ से जन्मा, शिव का प्रथम साया।

वो नाश नहीं, पर हर बाधा का अंत था,
माँ की रचना, पिता की दृष्टि में अनंत था।

सिंहद्वार का रक्षक, स्वयं सिद्धियों का सार,
उसके ललाट पर लिखा था ब्रह्मांड का विस्तार।

क्रोध में शीश गया, पर करुणा ने राह बनाई,
गज-मुख देकर शिव ने नई शुरुआत सजाई।

गणेश वह है, जहाँ हर आरंभ झुकता है,
वो विघ्न नहीं, परंतु जो विघ्नों में भी रमता है।

....

He was no mere child, nor just a son divine,
Born of sacred silence – Shiva's earliest sign.

Not destruction, but the end of every plight,
A mother's devotion, a father's inner light.

Guardian of thresholds, essence of the wise,
The cosmos was written between his eyes.

A head was lost in wrath, yet compassion paved the way,
With an elephant's grace, Shiva gave a new day.

He is Ganesha – where every beginning bows,
Not just remover of trials, but the calm in every rouse.

Har Har Mahadev

38. वरदान – The Gift Beyond Desire

उसने कभी कुछ माँगा नहीं, बस लुटाया स्नेह अपार,
ना मन देखा, ना पात्र – बस दिया हर बार।

भस्म के बीच जो प्रेम की कली खिलती है,
वही शिव है – जो निष्ठुर दिखे, पर भीतर दया पलती है।

वो इच्छाओं से परे है, फिर भी हर पुकार सुनता है,
ना मूरत की ज़रूरत, ना मंत्रों की गूंज चुनता है।

जिसने जो माँगा, मिला – चाहे टूटे दिल से पुकारा,
भोला है वो भंडारी – जिसने मौन में भी अपना सब कुछ वारा।

....

He never asked, just gave with endless grace,
Not your worth, not your mind—he blessed every face.

Where blossoms rise from sacred ash,
There dwells Shiva—fierce, yet tender in every flash.

Beyond all desires, yet he hears each plea,
Needing no idol, no chant—just sincerity.

Whoever called, even with a shattered tone,
Found Bhola the Giver, who gives all in the silence alone.

Har Har Mahadev

39. बिल्व – The Leaf that Holds the Infinite

वो पत्ता नहीं, प्रार्थना का स्वर था,
तीन पत्तियों में सिमटा, ब्रह्म का रहस्य भर था।

कोमल था, पर उसमें दृढ़ता की रेखा थी,
हर नस में जैसे शिव की ही लेखा थी।

न चढ़ावे का कर्म, न बस पूजा की बात,
वो आत्मा का अर्पण था – मौन की सौगात।

वो बिल्व था, जो हर अशुभ को हर ले,
शिव के चरणों में समस्त ब्रह्मांड धर दे।

....

It was no leaf, but a whisper of sacred sound,
Threefold in shape, where the cosmos was bound.

Gentle to touch, yet fierce in grace,
Each vein held Shiva's timeless face.

Not just an offering, not ritual alone,
It was the soul's gift, in silence shown.

That was the Bilva, dissolving all fear,
Holding the universe at Shiva's feet, near.

Har Har Mahadev

40. शिवलिंग – The Symbol of the Divine

वो आकार नहीं था, न कोई रूप दर्शाया,
एक प्रतीक था वो, जो सृष्टि से भी परे पाया।

शिवलिंग में समाई ब्रह्मांड की सारी शक्ति,
जो मिटता नहीं, पर दे अनंत की भक्ति।

शक्ति और स्थिरता – उसकी अनुभूति महान,
जो स्वप्न में भी रहे, और जागे जहान।

पूजित हर दिशा में, भाव से जिसे अपनाया,
शिवलिंग वही, जिसमें परम शांति का ध्यान समाया।

....

No form to see, no shape to trace,
A symbol that lives beyond time and space.

In the Shiva Lingam, all powers align,
Not bound by death, yet deeply divine.

Of stillness and strength, it quietly sings,
Rooted in dreams, and eternal things.

Worshipped in faith across the land,
The Shiva Lingam — where peace shall stand.

Har Har Mahadev

41. संसार – The Web of Life

यह संसार नहीं, बस माया का जाल था,
हर आत्मा उलझी थी, फिर भी मुक्त होने का सवाल था।

हर सुख, हर पीड़ा – एक नया धागा बोता,
यह जीवन एक चित्र था, जो कभी पूर्ण न होता।

हर साँस में छुपा था एक नया मोड़,
पर हर राह में वही भ्रमित रास्तों का जोड़।

इस जाल में चलती रही आत्मा की यात्रा,
खुद को ढूंढा हर बार, पर हर बार अपने ही स्वर भूला।

....

This world's no more than illusion's thread,
Where each soul wanders, by longing led.

Each joy, each pain, weaves a shifting line,
A canvas of life, never fully divine.

With every breath, a turn unknown,
Yet each path felt eerily like the one we'd known.

In this web moved the soul on and on,
Seeking itself, yet its own voice was gone.

Har Har Mahadev

42. भव – The Eternal Cycle

वो 'भव' नहीं, एक अनवरत प्रवाह था,
न समय का कैदी, न काल का गवाह था।

हर जन्म में बसता, हर मरण में बहता,
वो क्षणों में रुकता, पर अनंत तक कहता।

न आदि था उसका, न कोई समाप्ति,
बस जीवन-मृत्यु की चलती परिकल्पना आप्ति।

विचारों की लहरें, अहंकार की बात,
सब सृष्टि के रँग थे – छाया और प्रकाश की जात।

वो भव था – जो जन्म को मृत्यु से सीता,
हर श्वास में खिलता, हर मौन में रीता।

....

It wasn't mere being, but an eternal stream,
Unbound by time, beyond any dream.

It flowed in birth, it whispered in death,
Still in each moment, yet endless in breath.

No origin marked it, no final shore,
Just life and death in a ceaseless uproar.

Thoughts and egos, mere shadows that play,
Of creation's palette – in night and day.

It was *Bhava* – the thread between rise and fall,
That breathes in silence, and vanishes in all.

Har Har Mahadev

43. पाश – The Bond of Illusion

वो पाश नहीं, एक उलझी हुई तान थी,
जो भीतर बसी थी, पर पहचान से अनजान थी।

हर बंधन में छुपी एक मौन वेदना थी,
जो टूटती नहीं – बस चुपचाप सहनी थी।

ना देखी, ना सुनी, फिर भी हर श्वास में थी,
एक छाया-सी, जो चेतना की प्यास में थी।

वो पाश था – जो सत्य से परे ले जाता,
हर जीवन को मोह के भ्रम में बहाता।

शिव ही हैं, जो उस पाश को काटते हैं,
ज्ञान की ज्वाला से – आत्मा को छूकर जागते हैं।

....

It wasn't just a knot, but a silent chord,
That lived within, though no eye could record.

In every bond lay an aching lore,
Not broken by force, yet hurting at core.

Unseen, unheard, yet felt in each breath,
A shadow that chased, from birth until death.

That was *Pasha* – pulling truth out of sight,
Dragging the soul through illusion's night.

And only Shiva, with wisdom ablaze,
Could cut those cords and lift the haze.

Har Har Mahadev

44. पवित्रता – The Sacred Within

न जल की चाह, न फूलों का श्रृंगार,
जिसने शिव को जाना, वही हुआ तीर्थ का द्वार।

न दीप, न मंत्र, न कोई विशेष विधान,
शिव तो बस बसते हैं, एक मौन आत्मज्ञान।

वो पावनता न कर्मकांड की राह चली,
वो तो अंतर्मन की नीरव गहराई में पली।

जिसकी साँसों में श्रद्धा, जिसके कर्मों में प्रकाश,
वहीं शिव का मंदिर है – न मूर्ति, न आकाश।

जिसने मलिनता में भी महादेव को पहचाना,
उसी ने ब्रह्म को हर रूप में जाना।

....

No water he needs, nor flowers in line,
The one who knows Shiva becomes the shrine.

No lamp to light, no chant to recite,
He dwells in stillness, beyond ritual's rite.

Not in the steps of outward prayer,
But in the soul, he settles there.

Where breath flows soft and ego is gone,
There stands his temple – silent, strong.

He who sees light in the broken and flawed,
Has touched the truth, has walked with God.

Har Har Mahadev

45. पाप – The Touch of Redemption

जिसे जग ने कहा पाप, वो उसकी छाया में पावन हुआ,
जिसे सबने ठुकराया, वो चरणों में दिव्य सावन हुआ।

वो न तौलता पुण्य-पाप का हिसाब,
वो तो देखता है भाव – अंतर्मन का ख्वाब।

जिसने विष को कंठ में अपनाया,
वो बंधन किससे और क्यों निभाया?

जो स्वयं अग्नि है, वो भय से क्यों डरे,
कर्मों की जंजीर में वो क्यों उलझे, क्यों फिरे?

वो शिव है – जो पतित को भी अपना माने,
जो अंधकार को भी अपनी भस्म में समाने।

....

What the world deemed sin turned sacred in his grace,
The rejected found divinity at his feet's embrace.

He weighs no virtue, he counts no wrong,
He sees only the heart, where feelings belong.

He who held poison deep in his throat,
Why would he bind by rules remote?

He is the fire, untouched by fear,
Unmoved by karma, forever clear.

He is Shiva – who calls even the fallen his own,
Who turns the dark to ash, on his throne.

Har Har Mahadev

46. मरण – The Whisper of Endings

मृत्यु से कौन डरे, जब वो शिव का द्वार है,
जहाँ अंत नहीं होता, बस आरंभ अपार है।

न शोक की राख, न काले वस्त्रों का भार,
बस आत्मा का संगम, शांति का साकार।

जिसे मृत्यु लगे अंधकार, वो जीवन से अनजान,
शिव तो मृत्यु में भी करते हैं कल्याण।

एक साँस में जीवन, दूजी में मोक्ष का भाव,
मरण है शिव का आमंत्रण – शून्य से परम प्रभाव।

....

Why fear death, when it opens Shiva's gate,
Where ends dissolve, and vast beginnings wait?

No mourning ash, no robe of gloom,
Just soul and silence in sacred bloom.

To call death dark is to miss life's light,
For Shiva brings grace even in the night.

In one breath—life; in the next—release,
Death is Shiva's call, where all becomes peace.

Har Har Mahadev

47. स्मरण – The Power of Remembering Him

जब भी पुकारो उसे, रातों में रौशनी उतरती है,
शिव का स्मरण करते ही—पीड़ा भी मौन सँवरती है।

न कोई वाणी, न दीयों की रेखा चाहिए,
उसका नाम ही है ज्योति, जहाँ हर दिशा सवेरा पाए।

हर श्वास में वह नाद है, हर मंत्र उसका स्वर,
वो रक्षक भी, वो गुरु भी—वो ही अंतिम रहगुज़र।

जिसने बस एक बार उसे अंतर्मन से याद किया,
उसके जीवन में खुद ब्रह्म ने दीपक सा प्रकाश किया।

हर पथ पर वो साथ है, बस मन को उसे थामना है,
उसकी स्मृति में ही मुक्ति है – बस उसे अपनाना है।

....

Call His name, and the night turns bright,
In Shiva's thought, even sorrow finds light.

No chant is needed, no flame or flower,
His name alone is a divine shower.

In each breath, His sacred hum flows,
Protector, teacher—the path He shows.

Once the heart recalls Him true,
Even the void turns golden in view.

He walks with you on every road,
In His memory, salvation is sowed.

Har Har Mahadev

48. शिवरात्रि – The Night of Shiva

राात्रि की गोद में उतरी शिव की मौन छाया,
काले अंबर में गूँजा बस शांत तप का साया।

गहन तिमिर में दीप बना हर शिव का ध्यान,
शिवरात्रि में जगता है एक अद्भुत संज्ञान।

न रात, न दिन – बस मौन की एक बांसुरी,
हर आत्मा में गूंजे शिव की मौन गाथा पूरी।

व्रत, जप, ध्यान, और भक्ति की पराकाष्ठा,
शिवरात्रि में खुलती है मुक्ति की परिभाषा।

जहाँ अंत होता है हर शोर और आग्रह,
वहीं से शुरू होता है शिव का पावन स्पर्श।

....

In night's embrace descended Shiva's silent grace,
Peace echoed softly through the sky's dark face.

In stillness arose the lamp of meditation's might,
Shivratri awakened the soul's true light.

No day, no night — just a flute of stillness played,
In every heart, his sacred silence stayed.

With fasting and prayer, devotion took flight,
On Shivratri, the soul bathed in purest light.

Where noise ends and ego fades away,
There begins the touch of Shiva's way.

Har Har Mahadev

49. मुक्ति – The Ultimate Liberation

मुक्ति – न अंत है, न कोई थका हुआ पड़ाव,
ये तो आत्मा का शिव में पूर्ण मिलाव।

जहाँ गिरते हैं सारे प्रश्न, बुझ जाते हैं जिज्ञासु स्वर,
वहीं आरंभ होता है शिव का मौन उत्तर।

न बंधन, न भय, न जन्म-मृत्यु की माया,
बस सत्य की झलक – और शिव की छाया।

यह वरदान नहीं, यह स्वयं की पहचान है,
जो शिव के चरणों में, आत्मा की उड़ान है।

कर्मों से परे, इच्छाओं से दूर,
मुक्ति वो सन्नाटा है – जिसमें बसता है सुर।

....

Mukti is not an end, nor a final breath,
It's the soul's embrace, beyond life and death.

Where questions fall silent, and seeking is done,
Begins the hush – where Shiva is One.

No chain, no fear, no illusion's thread,
Just a glimpse of truth, where all pain has fled.

It's no reward, but self revealed,
In Shiva's feet, the soul is healed.

Beyond all karma, beyond all flame,
Mukti is silence – where all becomes the same.

Har Har Mahadev

50. संवाद – When Shiva Spoke to Shakti

जब पार्वती ने पूछा – "क्या विरक्ति ही सबसे ऊँचा पथ है?"
शिव ने आँखें मूंदी, और उत्तर बना मौन का अथ:

"न काम को शत्रु मान, न प्रेम को बंधन जान,
ये तो नदी हैं – बहने दे इन्हें अपने ही स्थान।

धर्म वो नहीं जो लिपियों में सिमट जाए,
धर्म वो है – जो अनदेखे आंसुओं में मुस्कान लाए।

तप न वह जो हिम के गर्भ में देह जलाए,
तप वह है – जो अहंकार की चट्टानें भीतर गलाए।

जो पल तू अपने सत्य से आँख मिला पाए,
उस पल तू मुझमें नहीं – मेरे स्वरूप में समा जाए।"

....

When Parvati asked, "Is detachment the only way?"
Shiva closed his eyes — and let silence say:

"Desire is no foe, nor love a cage,
They are rivers – flowing through time's page.

Dharma isn't ink on sacred scrolls,
It's the kindness that cradles broken souls.

Penance is not in icy flame or stone,
It is melting the mountain we call our own.

The moment you see your soul unmasked,
You won't need me – you'll be what you asked."

Har Har Mahadev

51. भक्त – Those Who Burned Just to See Him

वो सिर्फ राजा नहीं – रावण भी उसका गायक था,
जिसने शिवलिंग उठाया, और तांडव का उपासक था।

मार्कण्डेय – वह बालक जिसने काल से संधि की,
"ॐ नमः शिवाय" कह, मृत्यु की साँस थाम ली।

नयनार – जिनके आँसू बने अग्नि की धार,
भक्ति में तपे, न थे जाति से कोई विचार।

वो भक्त थे – जो शूलों पर भी नृत्य रचते,
हर जन्म में बस "शिव" कह, स्वयं को भस्म करते।

न दीप माँगा, न स्वर्ग की कामना की,
बस एक झलक उसकी – यही अराधना थी।

शिव के वो दीवाने – जो काल से न डरे,
आस्था की ज्वाला में सदियों तक जले।

....

Not just kings – Ravana, too, knew the flame,
He danced with the Linga, wild in Shiva's name.

Markandeya – the child who stopped Death's tread,
With "Om Namah Shivaya," time itself he led.

The Nayanars – whose tears turned to sacred fire,
Their love knew no border, no caste, no attire.

These were the seekers who danced on thorns,
Crying "Shiva!" from lifetimes they were reborn.

No wish for heavens, nor fear of pain,
Just one glimpse of Him – their only gain.

They were the mad ones, the fearless, the true,
Who burned in devotion – and rose anew.

Har Har Mahadev

52. वियोग – The Longing for Him

वो हर कण में है, फिर भी अछूता सा लगे,
हर दृष्टि में है, फिर भी धुंधलाता सा जले।

भस्म की गंध में उसकी स्मृति बसती है,
चाँद की चुप्पी में उसकी परछाईं हँसती है।

कभी अश्रु बन आँखों से बहता है वो,
कभी रूद्राक्ष की माला में गूंथा सा सो।

मन ढूंढे उसे हर धड़कन की थाह में,
मिलता है वो धुएँ की मौन आह में।

ये वियोग नहीं – एक मधुर संयोग है,
तड़प भी उसकी कृपा का ही संकल्प है।

जिसे ना पा सको – वही शिव बन जाए,
हर पीड़ा में बस उसका नाम रह जाए।

....

He dwells in all, yet feels so far,
A silent pulse in every star.

His scent in ash, His smile in the moon,
A hymn in shadows, a soul's quiet tune.

Sometimes He falls as a tear unshed,
Sometimes in Rudraksha, around the thread.

My heart seeks Him in every breath, each sigh,
Finds Him in silence, where smoke meets sky.

This longing's not loss – it's love refined,
Even ache is His mercy, divinely designed.

The one you can't reach, yet feel within –
That is Shiva, where the seeker begins.

Har Har Mahadev

53. अर्धनारीश्वर – The Sacred Balance

न पुरुष, न नारी – वो सृष्टि की पहली पुकार है,
जिसमें जन्म समाया, और मृत्यु भी साकार है।

बाईं ओर बहती है चंद्रमा-सी करुणा की धार,
पार्वती की तरह सहृदय – शांत, मगर अपार।

दाईं ओर धधकती है रुद्र की मौन ज्वाला,
जो अंधकार को छूते ही बना दे उजाला।

वो अर्ध नहीं – संपूर्ण ब्रह्म का स्वरूप है,
जहाँ शक्ति और शिव – एक ही रूप है।

नर और नारी के भेद को मिटा देने वाला,
वो अर्धनारीश्वर – है शिव का सबसे सुंदर लावण्य-संगम वाला।

जहाँ प्रेम और तांडव साथ-साथ बहते हैं,
और जीवन-मृत्यु भी एक साँस में रहते हैं।

....

Neither man, nor woman—he is the cosmos' first sound,
Where birth and end in one form are found.

To the left, like moonlight flows her grace,
Parvati—calm, deep love in every embrace.

To the right, a quiet blaze stands tall,
Rudra—whose fire illumines all.

He is not a half, but the whole divine,
Where Shiva and Shakti in one breath entwine.

A union where all dualities cease,
Where storm meets stillness, and fury meets peace.

Ardhanarishvara — the temple of balance grand,
Where creation bows with folded hand.

Har Har Mahadev

54. अंतर्यात्रा – The Inner Journey

जिसने पलकें मूँदीं, उसने विस्तार देखा,
शून्य के बीच, स्वयं में सत्कार देखा।

मन जब मौन हुआ, तब वेद स्वयं बोला,
हर स्पंदन में शिव का दिव्य अनोला।

जो बैठे ध्यान में, वो कहीं नहीं गए,
वो तो उस गहराई में उतर गए – जहाँ शिव स्वयं कहे।

न मंदिरों की मूरत, न मंत्रों की तान,
बस मौन का कमल – और भीतर का ध्यान।

वो शिव कहीं बाहर नहीं – वो नाभि में वास करे,
हर श्वास में झंकार हो, जब आत्मा उसे पसरे।

एक क्षण की समाधि, और युगों की पीड़ा क्षमा,
एक स्पर्श शिव का – और शून्य बन गया नूर-समा।

....

He who shut his eyes, saw galaxies ignite,
In silent folds, he met eternal light.

When the mind grew still, the Vedas spoke,
Each breath a verse, each pause awoke.

Those who sat in silence did not roam,
They journeyed within — where Shiva finds his home.

No idol carved, no mantra recited,
Just the lotus of silence, pure and united.

For Shiva's not in echoes or sacred stone,
He dwells in the core, in the self alone.

A moment's trance, and lifetimes clear,
One touch of Him — and the void turns clear.

Har Har Mahadev

55. जटा – The Cosmic Locks

चांद भी शरमाए जब शिव की जटाओं में बहता हो,
गंगा भी गीत गाए जब त्रिनेत्र प्रेम में रहता हो।

जिसके भाल पर भस्म की भाषा बोलती है,
और हृदय में धुआँ – कोई कथा खोलती है।

वो देव नहीं, धरती का धड़कता स्पर्श है,
जो बिना कहे, हर पीड़ा का उत्तर, हर तृष्णा का कर्ष है।

जटाओं में उसकी, समय की गांठें बसी हैं,
हर लट में कोई सृष्टि की रहस्य-कथा फँसी है।

वो गति से परे, फिर भी हर स्पंदन में है,
वो मौन में कहता है – जो शब्दों के बंधन से परे है।

....

Even the moon hides shy in Shiva's flowing hair,
While Ganga hums a prayer, caught in his stare.

Ash on his brow, smoke in his chest,
He's not just divine – he's the earth's own rest.

Each lock in his hair is time wrapped tight,
A secret of stars, hidden from sight.

Not god afar, but the breath of the ground,
In silence he speaks where no words are found.

Beyond all motion, yet in each beat,
He is the stillness where all truths meet.

Har Har Mahadev

56. तांडव – The Dance of Dissolution

जब तांडव की धुन पर गगन भी डोलता है,
हर कण में छुपा सृष्टि का रहस्य बोलता है।

वो नृत्य नहीं – एक ज्वाला की पुकार है,
जहाँ हर गति में सृजन और संहार है।

डमरु की हर गूंज में जीवन की सदा है,
और पदचापों में छुपी मृत्यु की वाणी बदा है।

ना राग है, ना रोष – बस मौन की आग है,
जहाँ शिव नाचे, वहाँ समय भी भाग है।

हर थिरकन में ब्रह्म की चेतना जागे,
हर क़दम से नया ब्रह्मांड आगे भागे।

वो तांडव है – जहाँ सृष्टि घुले और जले,
और राख से नई कहानी पले।

....

When Shiva moves, the heavens sway,
Each spark of dust begins to pray.

This dance is fire, this dance is fate,
Where birth and end reverberate.

The damru sounds — not just a beat,
But life and death in rhythmic heat.

No wrath, no grief — just silent might,
Where Shiva spins, so spins the night.

Each motion births the stars anew,
Each stomp breaks time and pushes through.

This is Tandav — fierce and vast,
Where cosmos burns... and peace is cast.

Har Har Mahadev

57. तेरा – The Name I Became

मैं एक बूँद थी समय की रेत में,
तू समंदर था जो बसा मौन में,

मैं खोजती रही किनारे की भाषा,
तू लहरों में उत्तर लिखता रहा।

मैं टूटी साँसों की तन्हा रागिनी,
तू वो स्वर जो जन्म से पहले ही गूँजा।

तेरे नाम में जब डूबी मैं,
मेरा अस्तित्व भी पराया लगा।

न मैं रही, न संदेह का क्रम,
तेरे होने से मिट गया हर भ्रम।

अब 'मैं' बस एक छाया है तेरे तले,
न देह, न आत्मा – बस साँसों के घेरे में ढले।

शिव! तू ही शून्य, तू ही अखंड सार,

मैं रही न 'मैं' – अब तेरा ही विस्तार।

न रूप, न शब्द, फिर भी अर्थ से भरी,
तेरे चरणों में हूँ – मिटकर भी संवरी।

....

I was a drop in the hourglass of time,
You – the ocean, hidden in silence sublime.

I searched for meaning on the shore's bare skin,
While you wrote your answers in wave and wind.

I was the lone melody of broken breath,
You – the sound that echoed before even death.

When I drowned in the quiet of your name,
Even my own being felt unknown, estranged.

No longer I – nor questions remained,
Your presence erased what doubt had claimed.

Now I'm just a shadow beneath your flame,
No body, no soul – just breath without name.

O Shiva – you are the void, and the boundless whole,
I am no longer 'me' – I've melted into your soul.

No form, no word – yet meaning overflows in me,
In losing myself, I've become eternally free.

Har Har Mahadev

www.ingramcontent.com/pod-product-compliance
Lightning Source LLC
Chambersburg PA
CBHW050530240926
51846CB00003B/755
9789372132960